Easy Chinese

全新版華語 1

編輯要旨

一、本書為適應世界各地華僑學校需要而編寫，全書共分十二冊，提供世界各地華僑小學、中學使用。各地區可因應個別需要，一年使用一冊或二冊，教材設計上，也儘量符合這二種需求。

二、本書課程設計，採「語」「文」並重；選擇在「第二外國語言」和「本國語文」中找出一個平衡點。每一課的「語文活動」中，大都有「對話練習」，滿足語言在日常生活的應用需求；每課課文，又充滿了文學、文化的趣味性與人文關懷。

三、本書重視語言文字的統整學習。每課的語文活動，將文字的形、音、義、詞語、句型、章法等，系列地歸納出概念原則，幫助孩子快速有效的學習。在教學指引中，更設計生動活潑的語文遊戲，為孩子的學習帶來歡笑。

四、本書為使學生能學習最正確的華語，編寫時特別採用「國語注音符號」。附錄中對每課生字、新詞均附通用拼音、漢語拼音及英文解釋，以供參考。

五、本書所用生字，至第六冊約為八百字，至第十二冊約為二千四百字，按教育部編「常用兩千八百字彙編」的字頻編寫。字由淺而深，在課文或語文活動、習作中，有反覆練習的機會；並且用淺白的文字和圖畫，系統性、趣味性的介紹文字，以此策略，幫助孩子大量識字。至於生字的注音，儘量不用變調、兒化韻，以降低學生學習困擾。必要的變調，如哥哥ㄍㄜ·ㄍㄜ，文中會注變調；生字中注本調。

六、本書三課組成一單元，以收單元教學效果。但為配合僑校學生每週上課一次，所以每課都設計相關語文活動，包含聽、說、讀、寫的語文技能，做為說話課和作文課的輔助教材，以幫助學生思考、溝通及書寫的能力。每冊並附教學指引一本及習作本二本。

一

數字（ㄕㄨˋㄗˋ）

一（一）

1

二（ㄦˋ）

2

三（ㄙㄢ）

3

四（ㄙˋ）

4

五（ㄨˇ）

5

七（ㄑㄧ） 六（ㄌㄧㄡˋ） 五（ㄨˇ） 四（ㄙˋ） 三（ㄙㄢ） 二（ㄦˋ） 一（一）

2

六 ㄌㄧㄡˋ 6

七 ㄑㄧ 7

八 ㄅㄚ 8

九 ㄐㄧㄡˇ 9

十 ㄕˊ 10

3

字 ㄗˋ 數 ㄕㄨˋ 　 十 ㄕˊ 　 九 ㄐㄧㄡˇ 　 八 ㄅㄚ

念一念

一　　一　　一　　七ㄑㄧ　一
二ㄦ　二ㄦ　六ㄌㄧㄡ　二ㄦ
　　三ㄙㄢ　五ㄨ　三ㄙㄢ
二ㄦ　　　四ㄙ　四ㄙ
一　　三ㄙㄢ　三ㄙㄢ　五ㄨ
　　二ㄦ　二ㄦ　六ㄌㄧㄡ
　　一　　一　　七ㄑㄧ

4

說一說　對話練習

：四和十，十和四。

：十四，四十，四十四。

：十個四十，十個四十四。

玩（ㄨㄢˊ）一（ㄧˋ）玩（ㄨㄢˊ）

：ㄅㄧㄥ ㄅㄨㄥ！ ㄅㄧㄥ ㄅㄨㄥ！

請（ㄑㄧㄥˇ）開（ㄎㄞ）門（ㄇㄣˊ），

你（ㄋㄧˇ）家（ㄐㄧㄚ）有（ㄧㄡˇ）幾（ㄐㄧˇ）個（ㄍㄜˋ）人（ㄖㄣˊ）？

：一（ㄧˊ）個（ㄍㄜˋ）人（ㄖㄣˊ） 兩（ㄌㄧㄤˇ）個（ㄍㄜˋ）人（ㄖㄣˊ）

三（ㄙㄢ）個（ㄍㄜˋ）人（ㄖㄣˊ） 四（ㄙˋ）個（ㄍㄜˋ）人（ㄖㄣˊ）

我（ㄨㄛˇ）家（ㄐㄧㄚ）有（ㄧㄡˇ）四（ㄙˋ）個（ㄍㄜˋ）人（ㄖㄣˊ）。

親子活動

小朋友，回家可以和爸爸、媽媽或爺爺、奶奶玩數牙齒的遊戲。叮咚！叮咚！（按對方的鼻子）請開門。

（被按者張開嘴）你家有幾個人？（開始數）一個、兩個、三個、四個……。你家有二十個人。

二ㄦˋ

今ㄐㄧㄣ 天ㄊㄧㄢ　昨ㄗㄨㄛˊ 天ㄊㄧㄢ　明ㄇㄧㄥˊ 天ㄊㄧㄢ

今ㄐㄧㄣ 天ㄊㄧㄢ 是ㄕˋ 九ㄐㄧㄡˇ 月ㄩㄝˋ 二ㄦˋ 十ㄕˊ 五ㄨˇ 日ㄖˋ 星ㄒㄧㄥ 期ㄑㄧ 三ㄙㄢ

昨ㄗㄨㄛˊ 天ㄊㄧㄢ 是ㄕˋ 九ㄐㄧㄡˇ 月ㄩㄝˋ 二ㄦˋ 十ㄕˊ 四ㄙˋ 日ㄖˋ 星ㄒㄧㄥ 期ㄑㄧ 二ㄦˋ

明ㄇㄧㄥˊ 天ㄊㄧㄢ 是ㄕˋ 九ㄐㄧㄡˇ 月ㄩㄝˋ 二ㄦˋ 十ㄕˊ 六ㄌㄧㄡˋ 日ㄖˋ 星ㄒㄧㄥ 期ㄑㄧ 四ㄙˋ

8

日ㄖˋ　月ㄩㄝˋ　是ㄕˋ　明ㄇㄧㄥˊ　昨ㄗㄨㄛˊ　天ㄊㄧㄢ　今ㄐㄧㄣ

二 今天 昨天 明天

9

期 ㄑㄧ 星 ㄒㄧㄥ

說（ㄕㄨㄛ）一（ㄧ）說（ㄕㄨㄛ） 對話（ㄉㄨㄟ ㄏㄨㄚ）練習（ㄌㄧㄢ ㄒㄧ）

：今（ㄐㄧㄣ）天（ㄊㄧㄢ）是（ㄕ）星（ㄒㄧㄥ）期（ㄑㄧ）幾（ㄐㄧ）？

：今（ㄐㄧㄣ）天（ㄊㄧㄢ）是（ㄕ）星（ㄒㄧㄥ）期（ㄑㄧ）□。

：明（ㄇㄧㄥ）天（ㄊㄧㄢ）是（ㄕ）星（ㄒㄧㄥ）期（ㄑㄧ）幾（ㄐㄧ）？

：明（ㄇㄧㄥ）天（ㄊㄧㄢ）是（ㄕ）星（ㄒㄧㄥ）期（ㄑㄧ）□。

：昨（ㄗㄨㄛ）天（ㄊㄧㄢ）是（ㄕ）星（ㄒㄧㄥ）期（ㄑㄧ）幾（ㄐㄧ）？

：昨（ㄗㄨㄛ）天（ㄊㄧㄢ）是（ㄕ）星（ㄒㄧㄥ）期（ㄑㄧ）□。

寫一寫　寫完了再念一念

二　今天　昨天　明天

11

念一念

昨天
母雞生了一個蛋。
今天
牠又生了一個蛋

明天
牠還會生一個蛋。
三天，母雞生了三個蛋。

比一比

小朋友，請照著做一做，念一念。

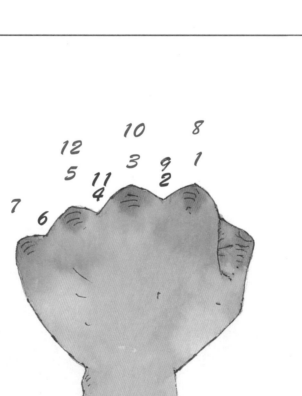

一月大	三月大	五月大	七月大	九月小	十一月小
二月小	四月小	六月小	八月大	十月大	十二月大

二　今天　昨天　明天

13

三ㄙㄢ

超ㄔㄠ 級ㄐㄧˊ 市ㄕˋ 場ㄔㄤˇ

14

南ㄋㄢˊ 元ㄩㄢˊ 少ㄕㄠˇ 多ㄉㄨㄛ 子ㄗˇ 李ㄌㄧˇ 市ㄕˋ

李子一盒多少元？

李子一盒二十元。

個 盒 場 級 超　　西 梨 瓜

念一念（ㄋㄧㄢˋ ㄧˋ ㄋㄧㄢˋ）

桃子	李子	梨子	蘋果
4個	1盒	1個	3個
＿＿元	＿＿元	＿＿元	＿＿元

四（ㄙˋ）個（ㄍㄜˋ） 桃（ㄊㄠˊ）子（ㄗ˙） ＿＿元（ㄩㄢˊ）	一（ㄧˋ）盒（ㄏㄜˊ） 李（ㄌㄧˇ）子（ㄗ˙） ＿＿元（ㄩㄢˊ）	一（ㄧˊ）個（ㄍㄜˋ） 梨（ㄌㄧˊ）子（ㄗ˙） ＿＿元（ㄩㄢˊ）	三（ㄙㄢ）個（ㄍㄜˋ） 蘋（ㄆㄧㄥˊ）果（ㄍㄨㄛˇ） ＿＿元（ㄩㄢˊ）

玉米	南瓜	小黃瓜	西瓜
4支	1個	3條	1個
＿＿元	＿＿元	＿＿元	＿＿元

四（ㄙˋ）支（ㄓ） 玉（ㄩˋ）米（ㄇㄧˇ） ＿＿元（ㄩㄢˊ）	一（ㄧˊ）個（ㄍㄜˋ） 南（ㄋㄢˊ）瓜（ㄍㄨㄚ） ＿＿元（ㄩㄢˊ）	三（ㄙㄢ）條（ㄊㄧㄠˊ） 小（ㄒㄧㄠˇ）黃（ㄏㄨㄤˊ）瓜（ㄍㄨㄚ） ＿＿元（ㄩㄢˊ）	一（ㄧˊ）個（ㄍㄜˋ） 西（ㄒㄧ）瓜（ㄍㄨㄚ） ＿＿元（ㄩㄢˊ）

一、說一說　寫一寫

說（ㄕㄨㄛ）一（ㄧ）說（ㄕㄨㄛ）　寫（ㄒㄧㄝ）一（ㄧ）寫（ㄒㄧㄝ）

：老闆（ㄌㄠˇ ㄅㄢˇ），南瓜（ㄋㄢˊ ㄍㄨㄚ）一（ㄧ）個（ㄍㄜˋ）多少元（ㄉㄨㄛ ㄕㄠˇ ㄩㄢˊ）？

：南瓜（ㄋㄢˊ ㄍㄨㄚ）一（ㄧ）個（ㄍㄜˋ）　□　元（ㄩㄢˊ）。

：大白菜（ㄉㄚˋ ㄅㄞˊ ㄘㄞˋ）一（ㄧ）個（ㄍㄜˋ）多少元（ㄉㄨㄛ ㄕㄠˇ ㄩㄢˊ）？

：大白菜（ㄉㄚˋ ㄅㄞˊ ㄘㄞˋ）一（ㄧ）個（ㄍㄜˋ）　□　元（ㄩㄢˊ）。

：蘋果（ㄆㄧㄥˊ ㄍㄨㄛˇ）一（ㄧ）個（ㄍㄜˋ）多少元（ㄉㄨㄛ ㄕㄠˇ ㄩㄢˊ）？

：蘋果（ㄆㄧㄥˊ ㄍㄨㄛˇ）三（ㄙㄢ）個（ㄍㄜˋ）　□　元（ㄩㄢˊ）。

：我要買（ㄨㄛˇ ㄧㄠ ㄇㄞˇ）三（ㄙㄢ）個（ㄍㄜˋ）蘋果（ㄆㄧㄥˊ ㄍㄨㄛˇ）。

小朋友，有些詞的意思是一樣的，像「幾」和「多少」就是意思一樣的字、詞，在句子中它們可以交換使用，但有時候卻不能交換。下面的句子括弧內的詞，可以交換使用的請打√。

□ 一盒李子多少元？（幾）

□ 梨子一個多少元。（幾）

□ 一星期有幾天？（多少）

□ 一年有幾個月？（多少）

□ 今天是星期幾？（多少）

□ 你家有幾個人？（多少）

□ 三月是第幾個月？（多少）

你發現了什麼？

一

一朵　一年　一元　一人　一星期　一天　一盒

一

一件　一片　一頁　一個　一月

19

四ㄙˋ
好ㄏㄠˇ玩ㄨㄢˊ的·ㄉㄜ字ㄗˋ

20

木ㄇㄨˋ　牛ㄋㄧㄡˊ　人ㄖㄣˊ　山ㄕㄢ　那ㄋㄚˋ　馬ㄇㄚˇ　這ㄓㄜˋ

那（ㄋㄚˋ）是（ㄕˋ）山（ㄕㄢ）

這（ㄓㄜˋ）是（ㄕˋ）馬（ㄇㄚˇ）

四　好玩的字

21

玩（ㄨㄢˊ）　田（ㄊㄧㄢˊ）　魚（ㄩˊ）　水（ㄕㄨㄟˇ）　鳥（ㄋㄧㄠˇ）

連一連 ㄌㄧㄢˊ、ㄧˋ、ㄌㄧㄢˊ

這些字都是「象形字」。
ㄓㄜˋ ㄒㄧㄝ ㄗˋ ㄉㄡ ㄕˋ ㄒㄧㄤˋ ㄒㄧㄥˊ ㄗˋ

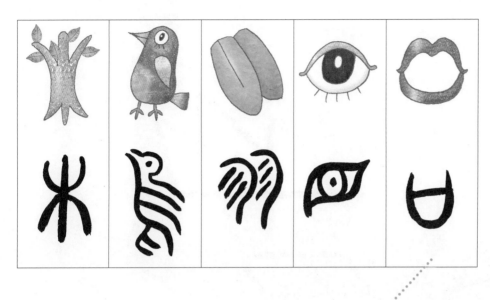

鳥 ㄋㄧㄠˇ　　木 ㄇㄨˋ　　羽 ㄩˇ　　口 ㄎㄡˇ　　目 ㄇㄨˋ

瓜 ㄍㄨㄚ　　女 ㄋㄩˇ　　雨 ㄩˇ　　火 ㄏㄨㄛˇ　　月 ㄩㄝˋ

22

耳 ㄦˇ （亻） 人 ㄖㄣˊ 牛 ㄋㄧㄡˊ 田 ㄊㄧㄢˊ 鼠 ㄕㄨˇ

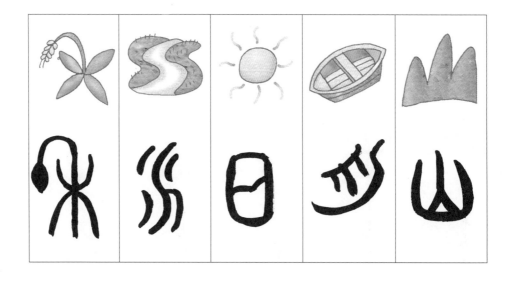

23

禾 ㄏㄜˊ 舟 ㄓㄡ 山 ㄕㄢ 水 ㄕㄨㄟˇ 日 ㄖˋ

看一看　字是怎麼變的？再念一念。

車（ㄔㄜ）　車子（ㄔㄜ ㄗ）

子（ㄗ）　孩子（ㄏㄞˊ ㄗ）

母（ㄇㄨˇ）　母親（ㄇㄨˇ ㄑㄧㄣ）

魚（ㄩˊ）　小魚（ㄒㄧㄠˇ ㄩˊ）

衣（ㄧ）　衣服（ㄧ ㄈㄨˊ）

24

說一說

ㄕㄨㄛ ˙一 ㄕㄨㄛ

練習對話

ㄌㄧㄢˋ ㄒㄧˊ ㄉㄨㄟˋ ㄏㄨㄚˋ

這是什麼？

這是馬。

這是「馬」字。

這是什麼字？

這是什麼菜？

這是南瓜。

這是什麼水果？

這是西瓜。

五ㄨˇ

沙ㄕㄚ和ㄏㄢˊ妙ㄇㄧㄠˋ

沙ㄕㄚ 和ㄏㄢˊ 妙ㄇㄧㄠˋ 小ㄒㄧㄠˇ 石ㄕˊ 粒ㄌㄧˋ 個ㄍㄜˋ

沙ㄕㄚ

妙ㄇㄧㄠˋ

沙ㄕㄚ是ㄕˋ小ㄒㄧㄠˇ石ㄕˊ粒ㄌㄧˋ

妙ㄇㄧㄠˋ是ㄕˋ個ㄍㄜˋ少ㄕㄠˋ女ㄋㄩˇ

27

女ㄋㄩˇ

讀(ㄉㄨˊ)一(ㄧˋ)讀(ㄉㄨˊ)

水(ㄕㄨㄟˇ)，是(ㄕˋ)「象形字(ㄒㄧㄤˋㄒㄧㄥˊㄗˋ)」。

少(ㄕㄠˇ)，是(ㄕˋ)「小(ㄒㄧㄠˇ)」、「不多(ㄅㄨˋㄉㄨㄛ)」的(ㄉㄜˊ)意(ㄧˋ)思(ㄙ)。

水很少(ㄕㄨㄟˇㄏㄣˇㄕㄠˇ)，就可以(ㄐㄧㄡˋㄎㄜˇㄧˇ)看到水中的小(ㄎㄢˋㄉㄠˋㄕㄨㄟˇㄓㄨㄥㄒㄧㄠˇ)石子(ㄕˊㄗˇ)。

沙(ㄕㄚ)，水中小的(ㄕㄨㄟˇㄓㄨㄥㄒㄧㄠˇ˙ㄉㄜ)石子(ㄕˊㄗˇ)。是(ㄕˋ)「會意(ㄏㄨㄟˋㄧˋ)字(ㄗˋ)」。

28

女（ㄋㄩ），「象（ㄒㄧㄤ）形（ㄒㄧㄥ）字（ㄗ）」，是女人（ㄖㄣ）的（ㄉㄜ）意（ㄧ）思（ㄙ）。

少（ㄕㄠ），是「小（ㄒㄧㄠ）」的（ㄉㄜ）意（ㄧ）思（ㄙ）。

妙（ㄇㄧㄠ），會（ㄏㄨㄟ）意（ㄧ）字（ㄗ）。

年（ㄋㄧㄢ）紀（ㄐㄧ）輕（ㄑㄧㄥ）的（ㄉㄜ）女（ㄋㄩ）人（ㄖㄣ）；

有（ㄧㄡ）「美（ㄇㄟ）妙（ㄇㄧㄠ）」的（ㄉㄜ）意（ㄧ）思（ㄙ）。

29

：這ㄓㄜ是ㄕ沙ㄕㄚ字ㄗ。

：這ㄓㄜ是ㄕ妙ㄇㄧㄠ字ㄗ。

：沙ㄕㄚ和ㄏㄜ妙ㄇㄧㄠ哪ㄋㄚˇ裡ㄌㄧ一ㄧ樣ㄧㄤ？

：沙ㄕㄚ和ㄏㄜ妙ㄇㄧㄠ右ㄧㄡ邊ㄅㄧㄢ是ㄕ少ㄕㄠ。

：沙ㄕㄚ和ㄏㄜ妙ㄇㄧㄠ哪ㄋㄚˇ裡ㄌㄧ不ㄅㄨ一ㄧ樣ㄧㄤ？

30

沙的左邊是水，

妙的左邊是女。

你和她哪裡不一樣？

我是女生。

我是男生。

我是老師，

你們是學生，

我和你們不一樣。

31

六 上下左右

山上有白雲
山下有水田
水田的右邊有一匹馬
水田的左邊有一頭牛

| 雲 | 白 | 有 | 右 | 左 | 下 | 上 |

小鳥前前後後的
飛來飛去

去來飛頭邊的 後前匹

看圖說話
ㄎㄢˋ ㄊㄨˊ ㄕㄨㄛ ㄏㄨㄚˋ

讀一讀

西瓜在桌子上。鳥在樹上。雲在山頂上。

魚在水面下。人在樹下。梨子在桌子下。

The title: 說一說 (with zhuyin annotations ㄕㄨㄛ、ㄧˋ ㄕㄨㄛ)

The dialogue lines, reading right to left:
- 這是什麼? (ㄓㄜˋ ㄕˋ ㄕㄣˊ ㄇㄜ˙)
- 這是小草。 (ㄓㄜˋ ㄕˋ ㄒㄧㄠˇ ㄘㄠˇ)
- 這是小石子。 (ㄓㄜˋ ㄕˋ ㄒㄧㄠˇ ㄕˊ ㄗ˙)
- 這是小鳥的腳印。 (ㄓㄜˋ ㄕˋ ㄒㄧㄠˇ ㄋㄧㄠˇ ˙ㄉㄜ ㄐㄧㄠˇ ㄧㄣˋ)
- 這是——。 (ㄓㄜˋ ㄕˋ)
- 很好,這也可以是小沙子,(ㄏㄣˇ ㄏㄠˇ ㄓㄜˋ ㄧㄝˇ ㄎㄜˇ ㄧˇ ㄕˋ ㄒㄧㄠˇ ㄕㄚ ㄗˇ)
- 或者你想到的任何小東西。

Let me write this.

The title

說一說

這是什麼?

這是小草。

這是小石子。

這是小鳥的腳印。

這是——。

很好,這也可以是小沙子,

或者你想到的任何小東西。

36

讀一讀（ㄉㄨˊ ㄧ ㄉㄨˊ）

「大」（ㄉㄚˋ）是一個「象形字」（ㄒㄧㄤˋ ㄒㄧㄥˊ ㄗ），像人的形狀（ㄒㄧㄤˋ ㄖㄣˊ ˙ㄉㄜ ㄒㄧㄥˊ ㄓㄨㄤˋ）。

「大」（ㄉㄚˋ）的上面有一個東西（˙ㄉㄜ ㄕㄤˋ ㄇㄧㄢˋ ㄧㄡˇ ㄧ ˙ㄍㄜ ㄉㄨㄥ ˙ㄒㄧ），

高高在上（ㄍㄠ ㄍㄠ ㄗㄞˋ ㄕㄤˋ），古人說是（ㄍㄨˇ ㄖㄣˊ ㄕㄨㄛ ㄕ）「天」（ㄊㄧㄢ）。

天

37

七 ㄑㄧ　我 ㄨㄛˇ

我的名字是
ㄨㄛˇ ㄉㄜ˙ ㄇㄧㄥˊ ㄗˋ ㄕˋ

李大有
ㄌㄧˇ ㄉㄚˋ ㄧㄡˇ

爸爸大我四十九
ㄅㄚˋ ㄅㄚˋ ㄉㄚˋ ㄨㄛˇ ㄙˋ ㄕˊ ㄐㄧㄡˇ

媽媽叫我小小有
ㄇㄚ ㄇㄚ˙ ㄐㄧㄠˋ ㄨㄛˇ ㄒㄧㄠˇ ㄒㄧㄠˇ ㄧㄡˇ

他們愛我
ㄊㄚ ㄇㄣ˙ ㄞˋ ㄨㄛˇ

久久久久
ㄐㄧㄡˇ ㄐㄧㄡˇ ㄐㄧㄡˇ ㄐㄧㄡˇ

38

媽 ㄇㄚ　大 ㄉㄚˋ　爸 ㄅㄚˋ　字 ㄗˋ　名 ㄇㄧㄥˊ　的 ㄉㄜ˙　我 ㄨㄛˇ

愛ㄞˋ 們ㄇㄣ˙ 　久ㄐㄧㄡˇ 他ㄊㄚ 叫ㄐㄧㄠˋ

念一念

一句話可以很簡單的說，也可以說得很完整。在空格上寫上自己的名字，再念一念，比較一下自己的感覺。

我叫

我叫做

我的名字叫做

我的名字是

40

說一說

請問你叫什麼名字？

我的名字是——————。

請問你有小名嗎？

我的小名是——————。

請問你家有哪些人？

我家有————、————、————、————和我。

讀一讀（ㄉㄨˊㄧˋㄉㄨˊ）

爸爸和孩子（ㄅㄚˋㄅㄚ˙ㄏㄢˊㄏㄞˊㄗ˙）

來（ㄌㄞˊ），我們來寫（ㄨㄛˇㄇㄣˊㄌㄞˊㄒㄧㄝˇ）「馬（ㄇㄚˇ）」這（ㄓㄜˋ）個字（ㄍㄜˋㄗˋ）。

馬怎麼會（ㄇㄚˇㄗㄣˇㄇㄛ˙ㄏㄨㄟˋ）只有兩條（ㄓˇㄧㄡˇㄌㄧㄤˇㄊㄧㄠˊ）腿呢（ㄊㄨㄟˇㄋㄜ˙）？

可是我真的（ㄎㄜˇㄕˋㄨㄛˇㄓㄣㄉㄜ˙）只看到（ㄓˇㄎㄢˋㄉㄠˋ）兩條腿啊（ㄌㄧㄤˇㄊㄧㄠˊㄊㄨㄟˇㄚ）！

42

爸

爺（ㄧㄝˊ）、爹（ㄉㄧㄝ）也是「形聲字（ㄒㄧㄥˊㄕㄥㄗ）」。

爸（ㄅㄚˋ）是個「形聲字（ㄒㄧㄥˊㄕㄥㄗ）」。

巴（ㄅㄚ）是表示聲音（ㄕㄥㄧㄣ）。

爸（ㄅㄚˋ）是父（ㄈㄨˋ）和巴（ㄅㄚ）合起來（ㄏㄜˊㄑㄧˇㄌㄞˊ）的字。

父（ㄈㄨˋ）是父親（ㄈㄨˋㄑㄧㄣ），也就是（ㄧㄝˇㄐㄧㄡˋㄕˋ）爸爸（ㄅㄚˋ‧ㄅㄚ）。父字（ㄈㄨˋㄗˋ）是一個（ㄧˊ‧ㄍㄜ）「會意字（ㄏㄨㄟˋㄧˋㄗˋ）」。

八　哥哥

哥哥見人就問好。

早安。

午安。

晚安。

妹妹說：

「說個不停真多禮！」

不　說　妹　午　安　早　好　哥

哥哥又說：
「再見！再見！再見！」

45

停 又 再　　見 就 問 晚 真 禮

說一說

一、練習對話

早安！爸爸！

早安。

你的左手有什麼東西？

我的左手有一個李子。

你的右手有什麼東西？

我的右手有一粒石子。

你的頭上有什麼東西？

我的頭上有一個蝴蝶結。

你今天好美啊！

謝謝！

連一連 怎麼打招呼

早上見面說 ●

中午見面說 ●

晚上見面說 ●

離開了要說 ●

| 晚安 | 早安 | 再見 | 午安 |

念一念 ㄋㄧㄢˋ ㄧ ㄋㄧㄢˋ

李大有 ㄌㄧˇ ㄉㄚˋ ㄧㄡˇ

爸爸 ㄅㄚˋ ·ㄅㄚ

媽媽 ㄇㄚ ·ㄇㄚ

八哥 ㄅㄚ ㄍㄜ

妹妹 ㄇㄟˋ ·ㄇㄟ

想想看，ㄒㄧㄤˇ ㄒㄧㄤˇ ㄎㄢˋ 可以 ㄎㄜˇ ㄧˇ 連一連嗎？ ㄌㄧㄢˊ ㄧ ㄌㄧㄢˊ ·ㄇㄚ

愛 ㄞˋ

吃西瓜 ㄔ ㄒㄧ ㄍㄨㄚ

說話 ㄕㄨㄛ ㄏㄨㄚˋ

漂亮 ㄆㄧㄠˋ ㄌㄧㄤˋ

買梨子 ㄇㄞˇ ㄌㄧˊ ·ㄗ

騎馬 ㄑㄧˊ ㄇㄚˇ

九　奶奶和爺爺

我扶奶奶到外面
走一走，
奶奶樂得點點頭。

回來後，
姐姐走來捶捶背，
爺爺不停的說：
「換我。換我。換我。」

回　得　走　外　扶　爺　奶

背ㄅㄟ　捶ㄔㄨㄟ　頭ㄊㄡ　點ㄉㄧㄢ　樂ㄌㄜ　面ㄇㄧㄢ　換ㄏㄨㄢ　姐ㄐㄧㄝ　來ㄌㄞ

語文活動九

圖畫詞典
ㄊㄨˊ ㄏㄨㄚˋ ㄘˊ ㄉㄧㄢˇ

老ㄌㄠˇ師ㄕ	媽ㄇㄚ媽˙ㄇㄚ	爸ㄅㄚˋ爸˙ㄅㄚ
哥ㄍㄜ哥˙ㄍㄜ	妹ㄇㄟˋ妹˙ㄇㄟ	爺ㄧㄝˊ爺˙ㄧㄝ
姐ㄐㄧㄝˇ姐˙ㄐㄧㄝ	奶ㄋㄞˇ奶˙ㄋㄞ	弟ㄉㄧˋ弟˙ㄉㄧ

一、說一說

媽媽：你要去哪裡？

妹妹：我扶奶奶到外面去。

奶奶：白雲在哪裡？

妹妹：白雲在天上。

奶奶：小鳥在哪裡？

妹妹：小鳥在樹上。

奶奶：小魚在哪裡？

妹妹：小魚在水裡。

媽媽：我來幫你捶捶背。

奶奶：好！好！

妹妹：換我來捶捶背。

（奶奶樂得直點頭。）

寫一寫 ㄒㄧㄝˇ ㄧ ㄒㄧㄝˇ

照樣造一個句子 ㄓㄠˋ ㄧㄤˋ ㄗㄠˋ ㄧ ˙ㄍㄜ ㄐㄩˋ ˙ㄗ

弟弟 ㄉㄧˋ ˙ㄉㄧ

爺爺 ㄧㄝˊ ˙ㄧㄝ

姐姐 ㄐㄧㄝˇ ˙ㄐㄧㄝ

媽媽 ㄇㄚ ˙ㄇㄚ

不停的 ㄅㄨˋ ㄊㄧㄥˊ ˙ㄉㄜ

走來 ㄗㄡˇ ㄌㄞˊ

說話 ㄕㄨㄛ ㄏㄨㄚˋ

叫我 ㄐㄧㄠˋ ㄨㄛˇ

讀一讀（ㄉㄨˊ ㄧˋ ㄉㄨˊ）

日部裡有幾個好玩的會意字

明（ㄇㄥˊ）	早（ㄗㄠˇ）	是（ㄕˋ）
明，日和月合起來很光明。 月，月亮。 日，太陽。	日，太陽。十，小草。 太陽一出來時，小草長出來。 早，天剛亮。	日，太陽。 正，公正。 是，指太陽公正的照著每一樣東西。

十　春天來了

草原上長滿了小草。
小小的，
綠綠的，

紅的花，
黃的花，

56

花	紅	滿	長	原	綠	春

白（ㄅㄞˊ）的（˙ㄉㄜ）花（ㄏㄨㄚ），

山（ㄕㄢ）坡（ㄆㄛ）上（ㄕㄤˋ）開（ㄎㄞ）滿（ㄇㄢˇ）了（˙ㄌㄜ）小（ㄒㄧㄠˇ）花（ㄏㄨㄚ）。

小（ㄒㄧㄠˇ）花（ㄏㄨㄚ）和（ㄏㄢˋ）小（ㄒㄧㄠˇ）草（ㄘㄠˇ）向（ㄒㄧㄤˋ）春（ㄔㄨㄣ）天（ㄊㄧㄢ）問（ㄨㄣˋ）好（ㄏㄠˇ）。

57

向（ㄒㄧㄤˋ）　草（ㄘㄠˇ）　開（ㄎㄞ）　坡（ㄆㄛ）　黃（ㄏㄨㄤˊ）

對話練習（ㄉㄨㄟˋ ㄏㄨㄚˋ ㄌㄧㄢˋ ㄒㄧˊ）

：嗨（ㄏㄞ）！你好（ㄋㄧˇ ㄏㄠˇ）！

：嗨（ㄏㄞ）！你好（ㄋㄧˇ ㄏㄠˇ）！

：你開得好漂亮啊（ㄋㄧˇ ㄎㄞ ˙ㄉㄜ ㄏㄠˇ ㄆㄧㄠˋㄌㄧㄤˋ ㄚ）！紅紅的（ㄏㄨㄥˊ ㄏㄨㄥˊ ˙ㄉㄜ），真美（ㄓㄣ ㄇㄟˇ）！

：你也長得很快（ㄋㄧˇ ㄧㄝˇ ㄓㄤˇ ˙ㄉㄜ ㄏㄣˇ ㄎㄨㄞˋ）！整片草原一下子就長得綠綠的（ㄓㄥˇ ㄆㄧㄢˋ ㄘㄠˇ ㄩㄢˊ ㄧ ㄒㄧㄚˋ ˙ㄗ ㄐㄧㄡˋ ㄓㄤˇ ˙ㄉㄜ ㄌㄩˋ ㄌㄩˋ ˙ㄉㄜ）。

：我們兩個來比賽（ㄨㄛˇ ˙ㄇㄣ ㄌㄧㄤˇ ˙ㄍㄜ ㄌㄞˊ ㄅㄧˇ ㄙㄞˋ），看誰長得又多又快（ㄎㄢˋ ㄕㄟˊ ㄓㄤˇ ˙ㄉㄜ ㄧㄡˋ ㄉㄨㄛ ㄧㄡˋ ㄎㄨㄞˋ）？

：好哇（ㄏㄠˇ ㄨㄚ）！

：太好了（ㄊㄞˋ ㄏㄠˇ ˙ㄌㄜ）！我們來把草原變成一幅美麗的畫（ㄨㄛˇ ˙ㄇㄣ ㄌㄞˊ ㄅㄚˇ ㄘㄠˇ ㄩㄢˊ ㄅㄧㄢˋ ㄔㄥˊ ㄧ ㄈㄨˊ ㄇㄟˇ ㄌㄧˋ ˙ㄉㄜ ㄏㄨㄚˋ）。

變一變 有趣的中國字
ㄅㄧㄢ ㄧ ㄅㄧㄢ ㄧㄡ ㄑㄩˋ ㄉㄜ˙ ㄓㄨㄥ ㄍㄨㄛˊ ㄗˋ

糸(ㄇㄧ) ＋ 泉(ㄉㄨ) ＝ □(ㄌㄩ)

艹(ㄊㄠ) ＋ □(ㄏㄨㄚ) ＝ 花(ㄏㄨㄚ)

女(ㄋㄩ) ＋ 子(ㄗ) ＝ □(ㄏㄠ)

土(ㄊㄨ) ＋ □(ㄆㄧ) ＝ 坡(ㄆㄛ)

讀（ㄉㄨˊ）一（ㄧ）讀（ㄉㄨˊ）

什（ㄕㄣˊ）麼（ㄇㄜ˙）地（ㄉㄧˋ）方（ㄈㄤ）長（ㄓㄤ）滿（ㄇㄢˇ）了（ㄌㄜ˙）什（ㄕㄣˊ）麼（ㄇㄜ˙）東（ㄉㄨㄥ）西（ㄒㄧ）？

大（ㄉㄚˋ）樹（ㄕㄨˋ）上（ㄕㄤ）

山（ㄕㄢ）坡（ㄆㄛ）上（ㄕㄤ）

長（ㄓㄤ）滿（ㄇㄢˇ）了（ㄌㄜ˙）

草（ㄘㄠˇ）原（ㄩㄢˊ）上（ㄕㄤ）

李（ㄌㄧˇ）子（ㄗ˙）

紅（ㄏㄨㄥˊ）花（ㄏㄨㄚ）

小（ㄒㄧㄠˇ）草（ㄘㄠˇ）

十　春天來了

寫一寫（ㄒㄧㄝˇ ㄧ ㄒㄧㄝˇ）

看圖寫上正確的顏色
（ㄎㄢˋ ㄊㄨˊ ㄒㄧㄝˇ ㄕㄤˋ ㄓㄥ ㄑㄩㄝˋ·ㄉㄜ ㄧㄢˊ ㄙㄜˋ）

白雲（ㄅㄞˊ ㄩㄣˊ）（　）的（·ㄉㄜ）

小山（ㄒㄧㄠˇ ㄕㄢ）（　）的（·ㄉㄜ）

小花（ㄒㄧㄠˇ ㄏㄨㄚ）（　）的（·ㄉㄜ）

小鳥（ㄒㄧㄠˇ ㄋㄧㄠˇ）（　）的（·ㄉㄜ）

61

十一　誰的耳朵好

大象的耳朵大，
聽得到很低的聲音。
小狗的耳朵長，
聽得到很高的聲音。

62

看　狗　音　低　很　朵　耳

小鳥的耳朵我們看不見，

但是，

他聽到了春天的聲音，

ㄗㄗ的唱起歌來。

見　但　唱　起　歌　　誰　象　聽　到　聲　高

說（ㄕㄨㄛ）一（ㄧ）說（ㄕㄨㄛ） 對話練習（ㄉㄨㄟˋ ㄏㄨㄚˋ ㄌㄧㄢˋ ㄒㄧˊ）

：你（ㄋㄧˇ）聽（ㄊㄧㄥ）到（ㄉㄠˋ）了（˙ㄌㄜ）什（ㄕㄣˊ）麼（˙ㄇㄜ）聲（ㄕㄥ）音（ㄧㄣ）？

：我（ㄨㄛˇ）聽（ㄊㄧㄥ）到（ㄉㄠˋ）了（˙ㄌㄜ）小（ㄒㄧㄠˇ）鳥（ㄋㄧㄠˇ）ㄗ ㄗ 叫（ㄐㄧㄠˋ）的（˙ㄉㄜ）聲（ㄕㄥ）音（ㄧㄣ）。

：小（ㄒㄧㄠˇ）狗（ㄍㄡˇ）聽（ㄊㄧㄥ）到（ㄉㄠˋ）了（˙ㄌㄜ）什（ㄕㄣˊ）麼（˙ㄇㄜ）聲（ㄕㄥ）音（ㄧㄣ）？牠（ㄊㄚ）一（ㄧ）直（ㄓˊ）在（ㄗㄞˋ）叫（ㄐㄧㄠˋ）。

：小（ㄒㄧㄠˇ）狗（ㄍㄡˇ）聽（ㄊㄧㄥ）到（ㄉㄠˋ）了（˙ㄌㄜ）我（ㄨㄛˇ）們（˙ㄇㄣ）聽（ㄊㄧㄥ）不（ㄅㄨˋ）到（ㄉㄠˋ）的（˙ㄉㄜ）聲（ㄕㄥ）音（ㄧㄣ）。

：那（ㄋㄚˋ）隻（ㄓ）貓（ㄇㄠ）為（ㄨㄟˋ）什（ㄕㄣˊ）麼（˙ㄇㄜ）一（ㄧ）直（ㄓˊ）在（ㄗㄞˋ）叫（ㄐㄧㄠˋ）？

：因（ㄧㄣ）為（ㄨㄟˋ）春（ㄔㄨㄣ）天（ㄊㄧㄢ）來（ㄌㄞˊ）了（˙ㄌㄜ）。

寫一寫 ㄒㄧㄝˇ ㄧ ㄒㄧㄝˇ

小狗 ㄒㄧㄠˇ ㄍㄡˇ

小鳥 ㄒㄧㄠˇ ㄋㄧㄠˇ

小牛 ㄒㄧㄠˇ ㄋㄧㄡˊ

跟著 ㄍㄣ ˙ㄓㄜ

（　）

（　）

大狗 ㄉㄚˋ ㄍㄡˇ

跑來跑去。 ㄆㄠˇ ㄌㄞˊ ㄆㄠˇ ㄑㄩˋ

（　）

飛（　）飛（　）。 ㄈㄟ　ㄈㄟ

（　）。

春天來了，
ㄔㄨㄣ ㄊㄧㄢ ㄌㄞˊ ·ㄌㄜ

山坡上 ㄕㄢ ㄆㄛ ㄕㄤˋ	草原上 ㄘㄠˇ ㄩㄢˊ ㄕㄤˋ	大樹 ㄉㄚˋ ㄕㄨˋ	小鳥 ㄒㄧㄠˇ ㄋㄧㄠˇ
	就 ㄐㄧㄡˋ		
開滿（　）。 ㄎㄞ ㄇㄢˇ	長滿（　）。 ㄓㄤˇ ㄇㄢˇ	長出新芽。 ㄓㄤˇ ㄔㄨ ㄒㄧㄣ ㄧㄚˊ	唱起（　）來。 ㄔㄤˋ ㄑㄧˇ ㄌㄞˊ

66

比一比 ㄅㄧˇ ㄧ ㄅㄧˇ

認識中國字的外形 ㄖㄣˋ ㄕˋ ㄓㄨㄥ ㄍㄨㄛˊ ㄗˋ ˙ㄉㄜ ㄨㄞˋ ㄒㄧㄥˊ

（一）上下平分： ㄕㄤˋ ㄒㄧㄚˋ ㄆㄧㄥˊ ㄈㄣ

栗、雲 ㄌㄧˋ ㄩㄣˊ

（二）上短下長： ㄕㄤˋ ㄉㄨㄢˇ ㄒㄧㄚˋ ㄔㄤˊ

爺、奇、著 ㄧㄝˊ ㄑㄧˊ ˙ㄓㄜ

（三）上長下短： ㄕㄤˋ ㄔㄤˊ ㄒㄧㄚˋ ㄉㄨㄢˇ

想、魚、息 ㄒㄧㄤˇ ㄩˊ ㄒㄧ

十二 今天早上不一樣

一大早，
小牛走出了家門，
他說：
「今天早上有一點不一樣！」
小牛抬頭看一看，又說：
「今天天氣真好。」

著 笑 中 空 在 陽 太 真 門

太陽在空中笑著，

春風在空中跑著，

冷冷的冬天走了，

今天早上真的不一樣！」

69

樣 出 家 抬 氣 跑　　風 冷 冬

說（ㄕㄨㄛ）一（ㄧ）說（ㄕㄨㄛ）

：今（ㄐㄧㄣ）天（ㄊㄧㄢ）天（ㄊㄧㄢ）氣（ㄑㄧ）真（ㄓㄣ）好（ㄏㄠ）！

：是（ㄕ）啊（ㄚ）！今（ㄐㄧㄣ）天（ㄊㄧㄢ）的（ㄉㄜ）太（ㄊㄞ）陽（ㄧㄤ）好（ㄏㄠ）溫（ㄨㄣ）暖（ㄋㄨㄢ）。

：我（ㄨㄛ）們（ㄇㄣ）來（ㄌㄞ）玩（ㄨㄢ）吧（ㄅㄚ）！

：好（ㄏㄠ）哇（ㄨㄚ）！玩（ㄨㄢ）什（ㄕㄣ）麼（ㄇㄜ）呢（ㄋㄜ）？

：我（ㄨㄛ）們（ㄇㄣ）來（ㄌㄞ）玩（ㄨㄢ）水（ㄕㄨㄟ）吧（ㄅㄚ）！

：好（ㄏㄠ），我（ㄨㄛ）正（ㄓㄥ）想（ㄒㄧㄤ）洗（ㄒㄧ）個（ㄍㄜ）澡（ㄗㄠ）！

70

讀一讀 他們在做什麼？

玩水

我來玩玩水吧！

拍手

我來拍拍手吧！

捶捶背

我幫你捶捶背吧！

寫一寫 ㄒㄧㄝˇ ㄧ ㄒㄧㄝˇ

再讀出完整的句子 ㄗㄞˋ ㄉㄨˊ ㄔㄨ ㄨㄢˊ ㄓㄥˇ ˙ㄉㄜ ㄐㄩˋ ㄗ

你的 ㄋㄧˇ ˙ㄉㄜ

跑到哪裡？ ㄆㄠˇ ㄉㄠˋ ㄋㄚˇ ㄌㄧˇ

在哪裡？ ㄗㄞˋ ㄋㄚˇ ㄌㄧˇ

72

猜ㄘㄞ一ㄧ猜ㄘㄞ、

是ㄕ什ㄕㄣˊ麼˙ㄇㄜ字ㄗˋ？把ㄅㄚˇ答ㄉㄚˊ案ㄢˋ寫ㄒㄧㄝˇ在ㄗㄞˋ〇中ㄓㄨㄥ。

夫ㄈㄨ

巴ㄅㄚ

亭ㄊㄧㄥ

十二　今天早上不一樣

73

認識基本筆畫（ㄖㄣˋㄕˋㄐㄧㄅㄣˇㄅㄧˇㄏㄨㄚˋ）

筆畫（ㄅㄧˇㄏㄨㄚˋ）	名稱（ㄇㄧㄥˊㄔㄥ）	例子（ㄌㄧˋㄗˇ）
一	橫（ㄏㄥˊ）	一 二
丨	豎（ㄕㄨˋ）	斗 不
丶	點（ㄉㄧㄢˇ）	魚 字
丿	撇（ㄆㄧㄝˇ）	仁 什
㇏	捺（ㄋㄚˋ）	人 之
㇀	挑（ㄊㄧㄠˇ）	法 挑
㇕	橫折（ㄏㄥˊㄓㄜˊ）	曰 田

筆畫（ㄅㄧˇㄏㄨㄚˋ）	名稱（ㄇㄧㄥˊㄔㄥ）	例子（ㄌㄧˋㄗˇ）
㇄	豎曲鉤（ㄕㄨˋㄑㄩㄍㄡ）	包 他
㇆	橫鉤（ㄏㄥˊㄍㄡ）	皮 也
亅	豎鉤（ㄕㄨˋㄍㄡ）	牙 寸
㇂	斜鉤（ㄒㄧㄝˊㄍㄡ）	我 代
㇃	彎鉤（ㄨㄢㄍㄡ）	了 豕
㇅	橫折鉤（ㄏㄥˊㄓㄜˊㄍㄡ）	月 再
㇇	橫撇（ㄏㄥˊㄆㄧㄝˇ）	發 又

標準筆順（ㄅㄧㄠ ㄓㄨㄣˇ ㄅㄧˇ ㄕㄨㄣˋ）

數字為（ㄕㄨˋ ㄗˋ ㄨㄟˊ）
總筆畫（ㄗㄨㄥˇ ㄅㄧˇ ㄏㄨㄚˋ）

第一課

字	筆畫	筆順
一	1	一
二	2	一 二
三	3	一 二 三
四	5	口 四 四 四 四
五	4	五 五 五 五
六	4	六 六 六 六
七	2	七 七

第二課

字	筆畫	筆順
八	2	八 八
九	2	九 九
十	2	十 十
今	4	今 今 今 今
天	4	天 天 天 天
昨	9	昨 昨 昨 昨 昨 昨 昨 昨 昨
明	8	明 明 明 明 明 明 明 明
是	9	是 是 是 是 是 是 是 是 是
月	4	月 月 月 月

第三課

日 4　日日日

星 9　星星星星星星

期 12　期期期期期期期期期期期

市 5　市市市市

李 7　李李李李李李李

子 3　子子子

多 6　多多多多多多

少 4　少少少少

元 4　元元元元

第四課

南 9　南南南南南南

瓜 5　瓜瓜瓜瓜

梨 11　梨梨梨梨梨梨

西 6　西西西西

這 11　這這這這這

馬 10　馬馬馬馬馬

那 7　那那那那那

山 3　山山山

人 2　人人

第五課

沙	和	妙
7	8	7
沙沙沙沙沙沙	和和和和和和	妙妙妙妙妙妙

牛	木	鳥	水	魚	田
4	4	11	4	11	5
牛牛牛	木木木	鳥鳥鳥鳥鳥鳥鳥	水水水	魚魚魚魚魚魚魚魚	田田田田

第六課

上	下	左	右
3	3	5	5
上上上	下下下	左左左左	右右右右

小	石	粒	個	女
3	5	11	10	3
小小小	石石石石	粒粒粒粒粒粒粒粒	個個個個個個個	女女女

第七課

有 6
有 有 有 有

白 5
白 白 白 白

雲 12
雲
雲 雲 雲 雲 雲 雲 雲

匹 4
匹 匹 匹 匹

前 9
前 前 前 前

後 9
後 後 後 後 後

我 7
我 我 我 我

的 8
的 的 的 的 的 的

名 6
名 名 名 名 名

第八課

字 6
字 字 字 字 字

爸 8
爸 爸 爸 爸 爸

大 3
大 大 大

媽 13
媽 媽 媽 媽 媽 媽

叫 5
叫 叫 叫 叫

他 5
他 他 他 他

久 3
久 久 久

哥 10
哥 哥 哥 哥 哥

好 6
好 好 好 好 好

再	又	停	不	說	妹	午	安	早
6	2	11	4	14	8	4	6	6

再再再再再再 | 又又 | 停停停停停停停停停停停停 | 不不不不 | 說說說說說說說說 | 妹妹妹妹妹妹妹妹 | 午午午午 | 安安安安安安 | 早早早早早早

第九課

姐	來	回	得	走	外	扶	爺	奶
8	8	6	11	7	5	7	13	5

姐姐姐姐姐姐姐姐 | 來來來來來來來來 | 回回回回回回 | 得得得得得得得得得得得 | 走走走走走走走 | 外外外外外 | 扶扶扶扶扶扶扶 | 爺爺爺爺爺爺爺爺爺爺爺爺爺 | 奶奶奶奶奶

第十課

換	春	綠	原	長	滿	紅	花	黃
12	9	14	10	8	14	9	8	12

換 換 換 換 換 換 換

春 春 春 春 春 春

綠 綠 綠 綠 綠 綠 綠 綠

原 原 原 原 原

長 長 長 長 長

滿 滿 滿 滿 滿 滿 滿 滿

紅 紅 紅 紅 紅 紅

花 花 花 花 花 花

黃 黃 黃 黃 黃 黃 黃 黃 黃

第十一課

開	坡	看	狗	音	低	很	朵	耳
12	8	10	8	9	7	9	6	6

開 開 開 開 開 開 開

坡 坡 坡 坡 坡 坡 坡

看 看 看 看 看 看

狗 狗 狗 狗 狗 狗

音 音 音 音 音 音

低 低 低 低 低 低

高 高 高 高 高 高

朵 朵 朵 朵 朵

耳 耳 耳 耳 耳

字ㄗˋ 詞ㄘˊ 拼ㄆㄧㄣ 音ㄧㄣ 對ㄉㄨㄟˋ 照ㄓㄠˋ 表ㄅㄧㄠˇ

漢ㄏㄢˋ語ㄩˇ拼ㄆㄧㄣ音ㄧㄣ、 通ㄊㄨㄥ用ㄩㄥˋ拼ㄆㄧㄣ音ㄧㄣ和ㄏㄢˋ英ㄧㄥ文ㄨㄣˊ解ㄐㄧㄝˇ釋ㄕˋ

課ㄎㄜˋ次ㄘˋ	字ㄗˋ　　詞ㄘˊ	課ㄎㄜˋ文ㄨㄣˊ頁ㄧㄝˋ碼ㄇㄚˇ	漢ㄏㄢˋ語ㄩˇ拼ㄆㄧㄣ音ㄧㄣ	通ㄊㄨㄥ用ㄩㄥˋ拼ㄆㄧㄣ音ㄧㄣ	英ㄧㄥ文ㄨㄣˊ解ㄐㄧㄝˇ釋ㄕˋ
1	一ㄧ	2	yī	yi	one
	二ㄦˋ	2	èr	èr	two
	三ㄙㄢ	2	sān	san	three
	四ㄙˋ	2	sì	sìh	four
	五ㄨˇ	2	wǔ	wǔ	five
	六ㄌㄧㄡˋ	3	liù	liòu	six
	七ㄑㄧ	3	qī	cī	seven
	八ㄅㄚ	3	bā	ba	eight
	九ㄐㄧㄡˇ	3	jiǔ	jiǒu	nine
	十ㄕˊ	3	shí	shíh	ten
2	天ㄊㄧㄢ	8	tiān	tian	day
	今ㄐㄧㄣ天ㄊㄧㄢ	8	jīntiān	jintian	today
	是ㄕˋ	8	shì	shìh	is
	月ㄩㄝˋ	8	yuè	yuè	moon/month
	日ㄖˋ	8	rì	rìh	sun/day
	星ㄒㄧㄥ	8	xīng	sing	star
	星ㄒㄧㄥ期ㄑㄧ	8	xīngqí	singcí	week
	明ㄇㄧㄥˊ	8	míng	míng	bright
	明ㄇㄧㄥˊ天ㄊㄧㄢ	8	míngtiān	míngtian	tomorrow

課次	字　詞	課文頁碼	漢語拼音	通用拼音	英文解釋
	昨天	8	zuótiān	zuótian	yesterday
3	市	14	shì	shìh	market
	李子	15	lǐzi	lǐtzih	plums
	子	15	zǐ	zǐh	son
	多	15	duō	duo	many
	少	15	shǎo	shǎo	few
	多少	15	duōshǎo	duoshǎo	how many
	元	15	yuán	yuán	dollar
	南	16	nán	nán	south
	梨	16	lí	lí	pear
	西	16	xī	si	west
	西瓜	16	xīguā	sigua	watermelon
4	這	21	zhè	jhè	this
	人	23	rén	rén	people
	木	22	mù	mù	wood
	牛	23	niú	nióu	cow
	山	23	shān	shan	mountain
	鳥	22	niǎo	niǎo	bird
	水	23	shuǐ	shuěi	water
	魚	24	yú	yú	fish
	田	23	tián	tián	field
	馬	21	mǎ	mǎ	horse
	那	21	nà	nà	that

課次	字 詞	課文頁碼	漢語拼音	通用拼音	英文解釋
5	沙	26	shā	sha	sand
	和	26	hàn	hàn	and
	妙	26	miào	miào	wonderful
	小	27	xiǎo	siǎo	small
	石	27	shí	shíh	stone
	粒	27	lì	lì	a grain; a pill;a bead
	個	27	ge	gě	a numerary partical
	女	27	nǚ	nyǔ	girl
6	上	32	shàng	shàng	up
	有	32	yǒu	yǒu	have
	白	32	bái	bái	white
	雲	32	yún	yún	cloud
	白雲	32	báiyún	báiyún	white cloud
	下	32	xià	sià	down
	左	32	zuǒ	zuǒ	left
	右	32	yòu	yòu	right
	匹	32	pī	pi	a numerary partical for horses; to match
	前	33	qián	cián	front
	後	33	hòu	hòu	back
7	我	38	wǒ	wǒ	I,me
	的	38	de	dě	a bound subordinate particle
	名	38	míng	míng	name

課次	字　詞	課文頁碼	漢語拼音	通用拼音	英文解釋
	字	38	zì	zìh	character, word
	名字	38	míngzi	míngzìh	name
	爸	38	bà	bà	father
	大	38	dà	dà	big
	媽	38	mā	ma	mother
	叫	39	jiào	jiào	call
	他	39	tā	ta	he, him
	久	39	jiǔ	jiǒu	long
8	哥	44	gē	ge	brother
	好	44	hǎo	hǎo	good
	早	44	zǎo	zǎo	morning
	早安	44	zǎoān	zǎoan	good morning
	午	44	wǔ	wǔ	noon
	妹	44	mèi	mèi	younger sister
	說	44	shuō	shuo	speak
	不	44	bù	bù	no
	停	44	tíng	tíng	stop
	又	45	yòu	yòu	again, also
	再	45	zài	zài	again
9	扶	50	fú	fú	to support with hand
	奶奶	50	nǎinai	nǎinǎi	grandma
	爺	50	yé	yé	grandpa
	外	50	wài	wài	outside
	走	50	zǒu	zǒu	walk

附錄

85

課次	字　詞	課文頁碼	漢語拼音	通用拼音	英文解釋
	得	50	de	de̊	an adverbial expletive
	回	50	huí	huéi	back
	來	50	lái	lái	come
	回來	50	huílái	huéilái	come back
	姐	50	jiě	jiě	older sister
	換	50	huàn	huàn	change
10	春	56	chūn	chun	spring
	紅	56	hóng	hóng	red
	花	56	huā	hua	flower
	黃	56	huáng	huáng	yellow
	綠	56	lǜ	lyù	green
	原	56	yuán	yuán	a plain; the origin
	長	56	zhǎng	jhǎng	to grow; increase
	滿	56	mǎn	mǎn	full
	坡	57	pō	po	a slope; hillside
	開	57	kāi	kai	to blossom; to open
11	耳朵	62	ěrduo	ěrduǒ	ear
	很	62	hěn	hěn	extremely
	低	62	dī	dī	low
	狗	62	gǒu	gǒu	dog
	音	62	yīn	yin	sound
	看	63	kàn	kàn	see
	唱	63	chàng	chàng	sing

課次	字　　詞	課文頁碼	漢語拼音	通用拼音	英文解釋
	起ㄑㄧˇ	63	qǐ	cǐ	to rise
	歌ㄍㄜ	63	gē	ge	song
	見ㄐㄧㄢˋ	63	jiàn	jiàn	to see
	但ㄉㄢˋ	63	dàn	dàn	but
12	門ㄇㄣˊ	68	mén	mén	door
	真ㄓㄣ	68	zhēn	jhen	real
	在ㄗㄞˋ	69	zài	zài	at
	笑ㄒㄧㄠˋ	69	xiào	siào	smile
	著ㄓㄜ	69	zhe	jhě	an adverbial particle
	太ㄊㄞˋ	69	tài	tài	too (much)
	陽ㄧㄤ	69	yáng	yáng	positive
	太ㄊㄞˋ陽ㄧㄤ	69	tàiyáng	tàiyáng	sun
	空ㄎㄨㄥ	69	kōng	kong	air
	中ㄓㄨㄥ	69	zhōng	jhong	middle
	風ㄈㄥ	69	fēng	fong	wind
	冬ㄉㄨㄥ	69	dōng	dong	winter
	冷ㄌㄥˇ	69	lěng	lěng	cold

Memo

Memo

帶領孩子進入學習華語的快樂園地吧！

《嘻哈樂園》是特別為海外學前幼稚園(3歲以上)或小一到小四初學華語的學童所編製。兒童天性好動、好玩、好新奇、好唱遊、好塗鴉，模仿力和記憶力都強，因此《嘻哈樂園》透過生動的韻文兒歌和創意漢字遊戲，帶動兒童開始認識華語。《嘻哈樂園》將奠定幼兒拼音、發音、識字、寫字的基礎，可學會約600個漢字及大部分可組成簡單句子的簡易句型，讓孩子自然而然的開心學拼音，說華語！

全套共分K1～K3三級

- 拼音繪本(書+CD)
- 漢字繪寫本
- 兩冊合購加贈eBook電子教科書光碟

Hip Hop Land	K1	K2	K3
Pinyin Pastimes	單韻母 Single Finals (a o e i u ü) 複韻母 Compound Finals (ai, ei, ao, ou) 鼻韻母 Nasal Finals (an, en, ang, eng, ong) 結合韻母 Combined Finals (in, ing, iu, ui, un, ün)	聲母 Initials (b p m f d t n l g k h)	聲母 Initials (j q x, zh ch sh, r, z c s) 韻母 Final (er)
	200 words	180 words	220 words
	8 Rhyming Songs	8 Rhyming Songs	8 Rhyming Songs
Creative Chinese	Characters Be able to: –recognize 40 characters –recognize 28 radicals –write 17 characters	Characters Be able to: –recognize over 74 characters –recognize more than 28 radicals –write over 47 characters	Characters Be able to: –recognize over 81 characters –recognize over 30 radicals –write over 37 characters
	Series Totals: recognize 195 characters; recognize 86 radicals; write 100 characters		

教材特色

- 提供【正體字版】與【加註簡體字版】兩種版本，老師可依需求選書。
- LUNAR教學設計，由生活題材及日常用語出發，奠定孩子說華語的基礎。
- 精心設計的生動插圖與繪本，讓課堂充滿豐富色彩！
- 活潑的韻文兒歌、創意的漢字遊戲，學習過程歡笑不斷！
- 「文化視窗」Culture Window，豐富孩子的文化視野！

讓學生更容易親近的好教材！

經典教材全新版華語，今年將隆重推出橫式編排版本：
- 「注音符號」與「漢語拼音」雙註
- 「正體字」與「簡體字」並列

老師教學更多元、更便利；

學生學習更輕鬆、更樂意！

三大特色

- 提供正體字版（直式）與正簡並列版（橫式）兩種版本，老師可依需求選書

- 優美的文字，豐富的故事，學習語言之餘，還能同時接受不一樣的文化薰陶

- 搭配教用電子書，結合數位科技與傳統教學，將華語教學變得有趣易學

100年底 率先推出1-3冊．101年6月將推出4-6冊

國家圖書館出版品預行編目資料

全新版華語＝Easy Chinese/ 蘇月英等編撰. --臺二版.
　--臺北縣新店市：流傳文化,2010.04 印刷-
　冊；　公分
　ISBN 978-986-7397-36-2（第1冊：平裝附光碟片）
　ISBN 978-986-7397-37-9（第2冊：平裝附光碟片）
　ISBN 978-986-7397-44-7（第1冊：平裝）
　ISBN 978-986-7397-45-4（第2冊：平裝）
　1.漢語　2.讀本

802.85　　　　　　　　　　　　　　98025457

【全新版】華語第一冊

總　主　編◎蘇月英
編撰委員◎蘇月英、李春霞、胡曉英、詹月現、蘇　蘭
　　　　　吳建衛、夏婉雲、鄒敦怜、林麗麗、林麗眞
責任編輯◎李金瑛
插　　　畫◎張振松、卓昆峰、江長芳、江儀玲、郭國書
美術設計◎利曉文
封面設計◎賴佳玲
發　行　人◎曾高燦
出版發行◎流傳文化事業股份有限公司
地　　　址◎(231)新北市新店區復興路43號4樓
電　　　話◎(02)8667-6565
傳　　　眞◎(02)2218-5221
郵撥帳號◎19423296
網　　　址◎http://www.ccbc.com.tw
　　　　　　E-mail:service@ccbc.com.tw
香港分公司◎集成圖書有限公司 — 香港皇后大道中283號聯威商業中心8字樓C室
　　　　　　TEL：(852)23886172-3 · FAX：(852)23886174
美國辦事處◎中華書局 — 135-29 Roosevelt Ave. Flushing, NY 11354 U.S.A.
　　　　　　TEL：(718)3533580 · FAX：(718)3533489
日本總經銷◎光儒堂 — 東京都千代田區神田神保町一丁目五六番地
　　　　　　TEL：(03)32914344 · FAX：(03)32914345

出版日期◎西元 2003 年 10 月臺初版（50006）香港維生
　　　　　西元 2004 年 12 月臺二版（50019）世新
　　　　　西元 2010 年　4 月臺三版一刷
　　　　　西元 2012 年　3 月臺三版三刷
印　　　刷◎世新大學出版中心

分類號碼◎802.85.058
ISBN　978-986-7397-36-2

定　　價：170元